매일의 축복기도

Original edition
Jeder Tag hat seinen Segen
by Anselm Grün
ⓒ Verlag Herder Freiburg im Breisgau 2004
Alle Rechte vorbehalten

This Korean edition is published by arrangement with
Verlag Herder Freiburg im Breisgau, Germany through
Living with Scripture Publishers, Seoul, Korea.

Korean edition ⓒ 2023 Living with Scripture Publishers

* 이 책은 저작권자와 직접 계약을 맺어 펴내는 저작물로 저작권법의 보호를 받습니다. 펴낸이의 서면 허가 없이 이 책의 일부나 전부를 다른 형태로 전재하거나 복제할 수 없습니다.

매일의 축복기도

말씀으로 여는 한 주간의 아침·저녁기도

안셀름 그륀 지음 | 김영국 옮김

성서와함께

매일이 복된 날이니

개인 기도로 사용할 수 있는 기도문을 만들어 달라는 부탁을 종종 받았습니다. 한 주간 동안 매일 아침과 저녁에 바칠 수 있는 기도를 만들면서, 무엇보다 기도자의 처지를 구체적으로 느껴 보려고 했습니다. 저는 아침과 저녁에 침묵하면서 기도합니다. 아침에는 두 팔을 뻗어 사람들에게 하늘을 열어주는 자세로 기도하고, 저녁에는 두 손을 펴 커다란 그릇 형태를 만들어 나의 하루를 하느님께 봉헌하고, 좋으신 주님의 손에 맡겨드리는 자세로 기도합니다. 그러나 때로는 그 순간 내 안에 떠오르는 생각에 따라 기도 자세를 바꾸기도 합니다.

마음속의 생각을 적절한 말로 표현하지 못하는 이들이 이 책의 기도문에서 도움을 받았으면 좋겠습니다. 공식 기도문은 낯설게 느껴지고, 자기 말로 기도하자니 생각처럼 쉽지 않아, 어떻게 기도해야 할지 모르겠다고 말하는 사람들이 많습니다. 이런 이들이 이 책에 있는 기도문을 통해 자신이 느끼는 바를 하느님께 말씀드리게 된다면, 더 바랄 것이 없겠습니다.

이 기도문들이 여러분을 하느님께 더욱 가까이 이끌어주어, 여러분이 우리와 함께 계시는 하느님의 사랑과 구원을 체험하게 되기를 바랍니다. 그리고 좋으시고 자비로우신 하느님의 모습이 여러분 안에 자리 잡아, 내면에 있는

매일이 복된 날이니

고유한 말들을 찾아내어 그분께 말씀드릴 수 있게 되기를 바랍니다. 이 책의 기도문들이 지금 여러분이 느끼는 바를 더 잘 표현할 수 있게 도와주었으면 좋겠습니다.

아침·저녁기도 다음에 주님의 기도에 대한 해설을 덧붙였습니다. 예수님께서 직접 우리에게 가르쳐주신 이 기도는 미사 때에만 바치는 기도가 아닙니다. 많은 사람이 일상 중에 늘 이 기도를 바침으로써 중요한 체험을 하였고, 자신의 신앙과 하느님에 대한 그리움을 표현하기도 하였습니다. 주님의 기도는 많은 사람이 오래전부터 이 기도에서 도움을 받아 하느님과 자신의 관계를 표현해 왔습니다. 무엇보다도 이 기도는 우리가 함께 바치는 기도입니다.

주님의 기도가 여러분의 개인 기도가 될 수 있도록 짧게 풀이하였습니다. 여러분은 이 기도를 바침으로써 하느님께 가는 길을 발견하였던 많은 사람과 함께 기도하게 될 것입니다. 여러분이 알고 지냈던 이들 중 세상을 떠난 이들이 지금 이 순간에도, 하늘에서 직접 하느님을 바라보며 이 기도를 바치고 있다고 상상해 보십시오!

이 기도책을 통해 여러분이 기도의 참기쁨을 맛보게 되길 바랍니다. 또 내 영혼을 숨쉬게 하고, 내 마음을 넓히며, 내 삶을 지탱하는 것이 하느님의 사랑임을 알게 되었으면 좋겠습니다.

매일이 복된 날이니

"주님께서 그대에게
복을 내리시고
그대를 지켜주시리라."
(민수 6,24)

한 주간을 위한 기도

주일
아침: 하느님과 함께 쉬다 · 13
저녁: 사랑하는 분의 품에 안기다 · 19

월요일
아침: 하느님의 샘이 내 안에서 솟다 · 23
저녁: 하느님을 향해 두 팔을 뻗다 · 29

화요일
아침: 세상에 나의 흔적을 남기다 · 35
저녁: 내 안에 고요히 머무르다 · 41

수요일
아침: 내가 살고 있는 곳을 바라보다 · 47
저녁: 잠은 좋은 약이다 · 53

목요일
아침: 하느님의 복을 세상에 전하다 · 59
저녁: 하느님의 사랑으로 살다 · 65

금요일
아침: 내 삶 위에 하늘을 열다 · 73
저녁: 십자성호를 긋다 · 79

토요일
아침: 하느님께서 주시는 것을 받아들이다 · 85
저녁: 하느님께서 나에게 다가오시다 · 91

어느 요일에도 바칠 수 있는 기도
아침: 삶을 음미하며 기도하다 · 97
저녁: 모든 것을 하느님께 맡겨드리다 · 103

주님의 기도
하느님 안에서 참된 나를 찾다 · 109

주일 아침

하느님과 함께 쉬다

하느님께서 보시니 손수 만드신 모든 것이 참 좋았다. 그분께서는 하시던 일을 모두 마치시고 이렛날에 쉬셨다.

창세 1,31ㄱ; 2,2ㄴ

그리고 주간 첫날 매우 이른 아침,
해가 떠오를 무렵에 무덤으로 갔다.
그들은 "누가 그 돌을 무덤 입구에서 굴려내 줄까요?"
하고 서로 말하였다.
그러고는 눈을 들어 바라보니 그 돌이 이미 굴려져 있었다. 그것은 매우 큰 돌이었다. 그들이 무덤에 들어가 보니, 웬 젊은이가 하얗고 긴 겉옷을 입고 오른쪽에 앉아 있었다. 그들은 깜짝 놀랐다. 젊은이가 그들에게 말하였다. "놀라지 마라. 너희가 십자가에 못 박히신 나자렛 사람 예수님을 찾고 있지만 그분께서는 되살아나셨다. 그래서 여기에 계시지 않는다.
보아라, 여기가 그분을 모셨던 곳이다."

마르 16,2-6

주일 아침

자비로우시고 좋으신 하느님,
저에게 쉴 수 있는
주일을 주셔서 고맙습니다.
당신께서는 하던 일을 마치시고
이렛날에 쉬셨습니다.
당신께서 보시기에 모든 것이 참 좋았습니다.
오늘 저도 당신과 함께 쉬면서
지난 주에 벌어졌던 온갖 일을
감사하는 마음으로 바라보게 하소서.
몸만 쉬지 않고,
마음도 쉬게 하시어,
제 안에 있는 것을
모두 받아들이게 하소서.
제게 일어난 모든 일을 당신과 함께 바라보며
저도 "참 좋았다"고 말할 수 있게 하소서.

당신께서 선물로 주신 주일은
거룩한 날,
일의 굴레에서 벗어나는 날,
세상의 어떤 일도 방해할 수 없는
하루입니다.
마음이 어수선하고 무언가에 얽매여 있는
저를 치유하시어,
제가 제 안에 있는 거룩한 공간에서
당신을 만나게 하소서.
당신을 만나
치유받고 온전해지게 하소서.

주일은 예수님의 부활을 기억하는 날입니다.
해가 밤의 어두움을 몰아내듯이
성자 예수 그리스도께서는 부활하시어
죽음의 암흑을 물리치셨습니다.

주일 아침

오늘 아침
예수님의 부활을 기억하며,
포기와 자기 연민의 무덤에서
나올 수 있게 하소서.
저를 묶고 있는 내면의 사슬을 풀어주시어
일어나 생명으로 나아가게 하소서.
제 앞에서
제 삶을 가로막고 있는 돌을 굴려
멀리 치워주소서.

부활을 전혀 이해하지 못하는
무수한 사람도 기억합니다.
아직 무언가에 매여 있는 이들에게
당신께서 은총의 빛을 비추시어,
당신의 아들 예수 그리스도와 함께
자신을 가두는 무덤에서

부활할 수 있게 하시고,
당신의 생명으로 주시는 자유와 여유를
감사드리며 누리게 해주소서.
오늘 일상의 수고에서 벗어나
쉴 수 있는 모든 이를 강복하소서.
이들의 마음도 고요하게 되어
충분히 쉬고,
상쾌하게 한 주간을 시작하게 하소서.

아침기도를 통해
주님의 부활을 거행하기 위해
우리는 일찍 기도하고자 한다.
- 카르타고의 성 치프리아노

주일 저녁

사랑하는 분의 품에 안기다

주님을 찬송하여라, 좋으신 분이시다.
주님의 자애는 영원하시다.
이스라엘은 말하여라.
"주님의 자애는 영원하시다."
아론의 집안은 말하여라.
"주님의 자애는 영원하시다."
주님을 경외하는 이들은 말하여라.
"주님의 자애는 영원하시다."

시편 118,1-4

그러자 그들은 "저희와 함께 묵으십시오.
저녁때가 되어가고 날도 이미 저물었습니다" 하며
그분을 붙들었다.
그래서 예수님께서는 그들과 함께 묵으시려고
그 집에 들어가셨다.

루카 24,29

주일 저녁

아버지이며 어머니이신 하느님,
저에게 고요하고 기쁜 하루를 허락하시고
자유로운 시간을 주셔서 고맙습니다.
오늘 제가 겪었던 모든 일에 대해
감사드립니다.
저만의 시간을 주셔서
저 자신과 만날 수 있었으니 감사드립니다.
손수 지으신 아름다운 창조물에 경탄하고
깊이 숨을 쉬며 산책을 하고
여유 있게 책도 읽을 수 있었으니
감사드립니다.
오늘 미사 때에 들려주신
당신의 말씀이 제 마음에 와닿아
삶을 새롭게 바라볼 수 있게 해주셨으니
감사드립니다.
당신의 거룩한 천사들을 보내시어

저를 보호하시고 저와 함께 머무르게 하소서.
천사들을 통해
제가 가야 할 길을 꿈속에서 일러주소서.
모든 상처와 아픔을 낫게 하시는
당신의 사랑스러운 품에서 포근히 쉬게 하소서.

이제 당신의 팔을 베고 평화로이 누워
그 사랑스러움과 부드러움 속에서
깊이 잠들고 싶습니다.
저와 제가 사랑하는 모든 이를 보호하시어
내일 새로운 마음으로 용기를 내어
일상을 시작하게 하소서.

당신 깃으로 너를 덮으시어
네가 그분 날개 밑으로 피신하리라.
그분의 진실은 큰 방패와 갑옷이라네.
(시편 91,4)

월요일 아침

하느님의 샘이 내 안에서 솟다

삼손은 몹시 목이 말라 주님께 부르짖었다.
하느님께서 르히에 있는 우묵한 곳을 쪼개시니
거기에서 물이 솟아 나왔다.
삼손이 그 물을 마시자 정신이 들어 되살아났다.
그리하여 그 이름을
엔 코레('부르짖는 이의 샘')라고 하였다.

판관 15,18ㄱ.19

예수님께서 그 여자에게 이르셨다.
"이 물을 마시는 자는 누구나 다시 목마를 것이다.
그러나 내가 주는 물을 마시는 사람은
영원히 목마르지 않을 것이다.
내가 주는 물은 그 사람 안에서 물이 솟는 샘이 되어
영원한 생명을 누리게 할 것이다."

요한 4,13-14

월요일 아침

좋으신 하느님,
또 한 주간을 시작하면서
제게 밀려올 일에 대한 걱정과 불안을
떨칠 수가 없습니다.
그 모든 일을 감당할 수 있는 힘을
저에게 주소서.
일에 휘둘려 중심을 잃는 일 없이
느긋한 마음으로 살게 하소서.
제가 하는 온갖 일에 함께하여 주소서.

제가 당신 영의 샘에서 힘을 얻어
해야 할 일을 하게 하소서.
제가 지치지 않고 일할 수 있음은
결코 마르지 않는 당신 영의 샘이
제 안에 자리 잡고 있는 덕분임을
깨닫게 해주소서.

오늘
일터에서 기다리고 있을
일과 갈등 때문에
잠자리에서 미적거리는
이들을 격려하여 주소서.
감사하는 마음으로
이웃을 위해 자기 능력을
쓰는 이들도 강복하여 주소서.
그들이 하는 일에 복을 내리시어
다른 이들에게 복이 되게 하소서.

오늘도 당신께서 저와 함께하심을
자주 기억하게 하소서.
기도 중에 당신을 떠올리는
은혜로운 순간을 저에게 허락하시어,
당신과 더불어 일하게 하시고,

월요일 아침

갖가지 갈등으로
제 안에서 들끓는 감정을
다스릴 수 있게 하소서.

오늘 저와 만나는 사람들을
강복하시어,
제가 그들 안에서 예수님의 얼굴을
발견하게 하소서.
그들을 존중하여 점잖게 대하고
그들이 지닌 좋은 점을 신뢰하며,
저의 태도를 통해
존중과 신뢰의 마음이
드러나게 하소서.

우리가 과도하게 일하거나
힘들고 지치면
하느님께 찬미와 영광을 드릴 수 없다.
하느님께서 우리에게 하라고 명하신 일을
우리는 할 수 있고, 또 잘할 수 있다.

- 헨리 나우웬

월요일 저녁

하느님을 향해 두 팔을 뻗다

보라, 나는 너를 내 손바닥에 새겼다.

이사 49,16

"저는 그들에게 아버지의 이름을 알려주었고
앞으로도 알려주겠습니다.
아버지께서 저를 사랑하신 그 사랑이 그들 안에 있고
저도 그들 안에 있게 하려는 것입니다."

요한 17,26

월요일 저녁

비어 있는 커다란 그릇을 바치듯 두 팔을 펴고,
다음의 기도를 바칠 수 있다.

주님,

당신을 향해 두 팔을 폅니다.
제가 했던 모든 일,
잘된 일이나 잘못된 일을
모두 당신께 바칩니다.
오늘 제가 도와주었던 사람들과
도와주지 않았던 사람들을
당신께 바칩니다.
제가 오늘 구상하고 실행했던 일,
그리고 미처 다하지 못한 일도
당신께 바칩니다.

오늘 있었던 일을 있는 그대로

제 두 손에 담아 바칩니다.
그 일들을 판단하거나 평가하지 않고
당신께 맡깁니다.
오늘 있었던 모든 일을
당신께서 변화시킬 수 있다고
굳게 믿으며,
오늘 하루를 당신께 바칩니다.

모든 것이
모래알처럼 손가락 사이로 빠져나가
하루가 마치 산산조각이 난 듯한
느낌이 들 때가 있습니다.
흩어진 것을 모아주소서.
오늘 하루와
제가 했던 모든 일을
부드럽고 좋은 당신 손에 맡깁니다.

월요일 저녁

당신께서 손을 내밀어 저를 보호하시고
당신의 손안에서
이 밤을 편안히 지낼 수 있게 하소서.

당신께서는 제 손에 당신의 이름을,
당신 손에 제 이름을 쓰셨습니다.
제가 당신 안에 있고
당신이 제 안에 계심을 느끼게 하소서.
제가 자는 동안에도
당신은 저와 함께 계시니,
당신 안에서 편히 쉴 수 있습니다.
이제 저는 밤의 어두움으로 들어갑니다.
당신의 빛을 제 마음에 비추시고,
손을 뻗으시어
저의 가족과
제가 사랑하는 모든 이를 보호하소서.

제가 새벽놀의 날개를 달아
바다 맨 끝에 자리 잡는다 해도
거기에서도 당신 손이 저를 이끄시고
당신 오른손이 저를 붙잡으십니다.

(시편 139,9-10)

화요일 아침

세상에 나의
흔적을 남기다

그분께서는 피곤한 이에게 힘을 주시고
기운이 없는 이에게 기력을 북돋아 주신다.
주님께 바라는 이들은 새 힘을 얻고
독수리처럼 날개 치며 올라간다.
그들은 뛰어도 지칠 줄 모르고
걸어도 피곤한 줄 모른다.

이사 40,29.31

"너희가 가서 열매를 맺어
너희의 그 열매가 언제나 남아 있게 하려는 것이다."

요한 15,16ㄴ

화요일 아침

주 예수 그리스도님,

당신은 제게 새로운 하루를 선사하십니다.
건강하게 일어날 수 있게 해주시어
감사드립니다.
오늘 저의 흔적을 세상에 남길 수 있게 되어
감사드립니다.
저의 흔적이 사랑의 흔적이 되게 하셔서,
제 주위에 있는 사람들이 그 흔적을 통해
자신의 삶을 고맙게 여기며 살 수 있도록
이끌어주소서.

제가 오늘 만날 사람들에 대해서도
당신께 감사드리니,
그들을 정성껏 맞게 해주소서.
바른말을 해야 할 때에
바른말을 하게 하시고,

제 눈길로 사람들을 격려하고 위로하여
그들이 기쁘고 신나게 해주소서.

주님, 일어날 수 없거나
힘겹게 몸을 일으켜야 하는
모든 아픈 이들을 생각합니다.
그들과 함께 계시어,
병환 중에서도
치유하시는 당신의 사랑을 느끼며
편안한 하루를 보내게 하소서.
자신들이 홀로 투병하지 않고
당신과 통교하고 있음을 체험하도록
그들을 강복하소서.

주님, 자기 삶에서
아무런 의미를 찾지 못하고

화요일 아침

그저 하루하루 살아가는 이들을 기억합니다.
그들의 눈을 열어주시어
현실을 바로 보게 하시고,
당신께서 이 세상의 근원이심을 깨달아
모든 것에서 당신을 볼 수 있도록
이끌어주소서.

주님,
삶의 원천으로부터 단절되었다고 여기고,
모든 것을 어둡고 무겁게 바라보며
한 발짝도 내딛기 힘들어하면서
우울증에 시달리는 이들도 기억합니다.
그들과도 동행하시어
그들의 어두움에 빛을 밝혀주시고,
오늘 하루의 삶이 힘겹지 않게 하소서.
당신께서 손을 뻗으시어

그들을 보호해 주시고,
사랑으로 지금 여기에 함께하시는 당신을
온몸으로 느낄 수 있게 하소서.

*말만 필요한 것은 아니다.
왜냐하면 이 시대의 사람들은
말을 많이 하기 때문이다.
필요한 것은 행동이다.
추구해야 할 것은 행동이지
열매를 맺지 못하는 말이 아니다.
- 아빠스 야콥*

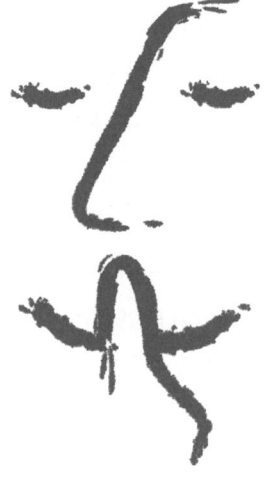

화요일 저녁

내 안에 고요히 머무르다

그가 거기(하느님의 산 호렙)에 있는 동굴에 이르러 그곳에서 밤을 지내는데, 주님의 말씀이 그에게 내렸다. 그분께서 말씀하셨다. "나와서 산 위, 주님 앞에 서라." 바로 그때에 주님께서 지나가시는데, 크고 강한 바람이 산을 할퀴고 주님 앞에 있는 바위를 부수었다. 그러나 주님께서는 바람 가운데에 계시지 않았다. 바람이 지나간 뒤에 지진이 일어났다. 그러나 주님께서는 지진 가운데에도 계시지 않았다. 지진이 지나간 뒤에 불이 일어났다. 그러나 주님께서는 불 속에도 계시지 않았다. 불이 지나간 뒤에 조용하고 부드러운 소리가 들려왔다. 엘리야는 그 소리를 듣고 겉옷 자락으로 얼굴을 가린 채, 동굴 어귀로 나와 섰다.

1열왕 19,9.11-13

"너는 기도할 때 골방에 들어가 문을 닫은 다음, 숨어 계신 네 아버지께 기도하여라. 그러면 숨은 일도 보시는 네 아버지께서 너에게 갚아주실 것이다."

마태 6,6

화요일 저녁

두 팔로 가슴에 십자표를 만들고 다음의 기도를 바칠 수 있다.

주 예수 그리스도님,
제 가슴 위에 두 팔로 십자표를 합니다.
저는 오늘 저녁에
마음의 문을 닫고
침묵의 내적 공간에 아무도
들이지 않으려 합니다.
그 안에는 당신만 계십니다.
오늘 하루 동안 있었던 문제나 걱정거리들은
그 안에 들어올 수 없습니다.
미래에 대한 불안도 들어올 수 없습니다.
오늘 함께했던 사람들과 친구들도
모두 밖에 머무릅니다.
저는 그들을 생각하고

그들을 위해 기도하지만,
지금은 마음의 문을 닫고
오직 저와 당신만 그 안에 머뭅니다.
신비이신 당신께서 제 안에 머무르시면
저는 편안히 존재할 수 있습니다.
이 내면의 공간에
당신 성령의 샘이 있습니다.
저는 이것에서 새로운 힘을 얻어
지치지 않습니다.
지금 비록 피곤하고
지쳤다 하더라도,
제 안에 있는 당신의 샘이
결코 마르지 않으리라는 것을
저는 잘 압니다.
그것은 하느님의 샘이기 때문입니다.

화요일 저녁

이 고요한 공간 안에 있으면
아무도 저를 해치지 못합니다.
자기 비난과 죄책감도
이 안으로 뚫고 들어오지 못합니다.
이 안에서 저는 당신과 함께,
온전히 제 자신으로 있을 수 있습니다.
이 안에서 저는 고향과 같은 포근함,
자유와 조화를 맛봅니다.
이 안에서 저의 모든 상처가
치유됩니다.

오늘 밤 제가 이 내면의 공간에 들어가
오로지 당신하고만 있게 해주소서.
그러면 저는
참으로 당신과 온전히 하나가 되며
모든 것과 하나가 되고

한 뜻이 될 것입니다.
왜냐하면 주님,
당신은 제게 유일한 분이시고
모든 것이기 때문입니다.
당신이 계신 곳에서
온전히 저 자신이 됩니다.
그저 존재하는 것,
오로지 현재에 있는 것,
오직 당신 안에 머무르는 것,
그 안에 얼마나 큰 은총이 깃들어 있는지
어렴풋이 짐작할 뿐입니다.

오히려 저는 제 영혼을 가다듬고
가라앉혔습니다.
어미 품에 안긴 젖 뗀 아기 같습니다.
저에게 제 영혼은 젖 뗀 아기 같습니다.

(시편 131,2)

수요일 아침

내가 살고 있는 곳을 바라보다

이 모든 것들이 당신께 바랍니다,
제때에 먹이를 주시기를.
당신께서 그들에게 주시면 그들은 모아들이고,
당신 손을 벌리시면 그들은 좋은 것으로 배불립니다.
당신의 얼굴을 감추시면 그들은 소스라치고,
당신께서 그들의 숨을 거두시면 그들은 죽어
먼지로 돌아갑니다.
당신의 숨을 내보내시면 그들은 창조되고
당신께서는 땅의 얼굴을 새롭게 하십니다.

시편 104,27-30

"행복하여라, 주인이 와서 볼 때에 깨어 있는 종들!
내가 진실로 너희에게 말한다.
그 주인은 띠를 매고 그들을 식탁에 앉게 한 다음,
그들 곁으로 가서 시중을 들 것이다."

루카 12,37

수요일 아침

넉넉하고 온화하신 하느님,
오늘 아침 저는 창문으로
제가 살고 있는 동네,
이웃집들을 바라봅니다.
당신께서는 제 이웃들이
어떻게 지내는지,
그들에게 무엇이 필요한지
잘 아십니다.
당신께서 손을 뻗어
그들을 강복하시고,
그들이 간절히 원하는 바를
당신의 선물로 채워주소서.

주님,
당신께서는 가족에게 버림받았다고 느끼는
할머니를 아십니다.
그 할머니에게 복을 주시고
당신께서 가까이 계심을 알게 하소서.
당신께서는 일상의 현실에 적응하지 못하는
젊은이를 아십니다.
그를 강복하시고 그에게 힘을 주시어,
자신의 삶을 받아들이게 하소서.
당신께서는 남자 친구에게 버림받아
외롭고 쓸쓸하게 지내며,
자신의 존재 가치를 의심하는
젊은 여성을 아십니다.
그 여성을 강복하시고
슬픔을 위로해 주소서.
당신께서는 암으로 아내를 잃고

수요일 아침

넋을 잃은 듯 꿈쩍하지 않고 지내는
남자를 아십니다.

그와 함께하시고 그의 눈을 열어주시어
그의 주변에서 꽃피고 있는 삶을
바라볼 수 있도록 해주소서.

당신께서는 제가 살고 있는
이 동네 사람들을 모두 알고 계십니다.
그들의 집에 들어가시어
당신께서 손을 뻗어 그들을 강복하시고,
그들에게 필요한 것과
그들이 갈망하는 것을
얻을 수 있게 하소서.

당신의 이웃이
지금 당신과 멀리 있거나
가까이 있거나
상관 없이 그를 존중해야 합니다.
사랑 때문이라 하더라도
당신이 상대방 눈앞에서
말할 수 없는 것을
그의 등 뒤에서 말하지 않는다면,
당신은 복됩니다.

- 아시시의 성 프란치스코

수요일 저녁

잠은 좋은 약이다

행복하여라, 지혜를 찾은 사람!
행복하여라, 슬기를 얻은 사람!
그것들이 네 영혼에 생명이 되고
네 목에 아리따움이 되리라.
그러면 너는 안심하고 길을 걸으며
네 발은 어디에도 부딪치지 않으리라.
네가 누워도 무서워할 것이 없고
누우면 곧 단잠을 자게 되리라.

잠언 3,13.22-24

"고생하며 무거운 짐을 진 너희는 모두 나에게 오너라.
내가 너희에게 안식을 주겠다.
나는 마음이 온유하고 겸손하니
내 멍에를 메고 나에게 배워라.
그러면 너희가 안식을 얻을 것이다."

마태 11,28-29

수요일 저녁

자비로우시고 좋으신 하느님,
제가 오늘 만났던 사람들을 모두
당신께 맡겨드립니다.
저를 좋게 말해준 사람들뿐 아니라,
비판하며 저에게 도전했던
사람들에 대해서도 감사드립니다.
그들을 만나게 해주셔서
오늘 저를 성장시켜 주시니 감사드립니다.

오늘 아침에 기도하면서 기억했던
이웃들을
지금 다시 떠올리며 간청합니다.
당신께서는 그들이 하루를 어떻게 보냈는지
무엇을 느끼고 겪어야 했는지
잘 알고 계십니다.
지금 그들에게 감사와 만족,
마음의 평정과 기쁨을 주소서.
어둡고 무거웠던 일을
그들 안에서 변화시켜 주소서.
그들이 힘겨워하는 것에서 벗어나
자유롭게 해주소서.
불완전하고 단편적이며 채워지지 않은
그들의 하루를 있는 그대로
받아주소서.

수요일 저녁

하느님,
모든 이가 평화로이 잠들도록
고요한 밤을 허락하소서.
당신의 천사를 보내시어
그들을 지켜주시고,
잠이 그들에게 좋은 약이 되게 하소서.

이는 네가 주님을 너의 피신처로,
지극히 높으신 분을 너의 안식처로
삼았기 때문이다.
너에게는 불행이 닥치지 않고
재앙도 네 천막에는 다가오지 않으리라.
그분께서 당신 천사들에게 명령하시어
네 모든 길에서 너를 지키게 하시리라.

(시편 91,9-11)

목요일 아침

하느님의 복을 세상에 전하다

주님께서 아브람에게 말씀하셨다.
"나는 너를 큰 민족이 되게 하고, 너에게 복을 내리며, 너의 이름을 떨치게 하겠다. 그리하여 너는 복이 될 것이다. 세상의 모든 종족들이 너를 통하여 복을 받을 것이다."

창세 12,1ㄱ.2.3ㄴ

축복해 주십시오.
바로 이렇게 하라고 여러분은 부르심을 받았습니다.
그것은 여러분이 복을 상속받게 하려는 것입니다.

1베드 3,9

목요일 아침

축복하는 자세로 다음의 기도를 바칠 수 있다. 손을 위로 뻗고, 손바닥을 앞으로 향한 다음, 하느님의 성령과 사랑이 내 손을 통해 지금 기도해 주는 이들에게 흘러간다고 상상해 보라.

좋으신 하느님,
저를 당신의 아들/ 딸로 삼아주심에
감사드리며 두 손을 높이 듭니다.
이 두 손으로 세상에
당신의 복을 전하고 싶습니다.
당신의 사랑이 저의 빈손을 거쳐
제가 가장 사랑하는 사람에게
흘러가게 하소서.
당신께서 온화한 품으로 그를 감싸주소서.
치유의 성령께서 저의 두 손을 통해
지금 어려움을 겪고 있는 사람에게
전해지게 하소서.

하느님,
결혼 생활이 위태로운 직장 동료와
직장에서 어려움을 겪고 있는 친구,
생활의 터전을 빼앗긴 채 쫓기는 사람들을
기억합니다.
그들에게 당신의 영을 보내시어,
외투처럼 그들을 감싸 보호해 주소서.

사람들이 자신을 사랑하지 않고
원하지도 않는다고 느끼는 이들,
자신이 버려지고 내쳐졌다고
생각하는 이들에게,
저의 두 손을 통해
당신의 거룩한 사랑을 보내고 싶습니다.
그들이 상처받은 마음에 당신의 사랑이
흘러 들어옴을 느끼게 하소서.

목요일 아침

그들이 당신의 따뜻한 사랑을 느끼고
차가운 마음을 떨쳐버리게 하소서.

제가 오늘 만나게 될 모든 사람,
학생, 직장 동료, 친구,
거래처 사람들, 고객들에게
당신의 영을 보내고 싶습니다.
당신께서 사랑과 희망의 영으로
저보다 먼저 그들을 만나주십시오.

당신의 영으로 저희 마음을 활짝 열어주시어
서로 존중하는 마음으로 만나게 하소서.
하느님의 신비를
이웃 안에서 알아보고 믿게 하시어
좋은 만남이 되게 하소서.

하느님의 빛을 향해 눈을 뜨고,
하느님께서 우리에게 소리 높여
훈계하시는 말씀을
귀 기울여 들을 것이니,
그분의 목소리를 오늘 듣게 되거든,
너희 마음을 무디게 가지지 마라.
"오늘 너희들이 그분의 목소리를 들으면
너희들의 마음을 무디게 가지지 마라."

- 성 베네딕토 수도 규칙 '머리말'에서

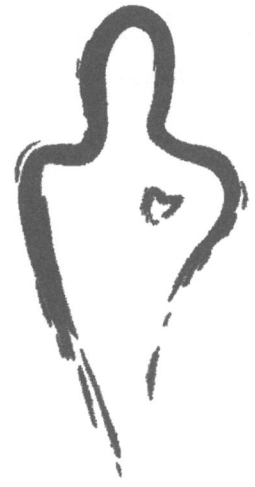

목요일 저녁

하느님의 사랑으로 살다

내 영혼아, 어찌하여 녹아 내리며 내 안에서 신음하느냐? 하느님께 바라라. 나 그분을 다시 찬송하게 되리라, 나의 구원, 나의 하느님을.

시편 42,6-7ㄱ

"하늘 나라는 자기 포도밭에서 일할 일꾼들을 사려고 이른 아침에 집을 나선 밭 임자와 같다.
그는 일꾼들과 하루 한 데나리온으로 합의하고 그들을 자기 포도밭으로 보냈다.
그가 또 아홉 시쯤에 나가보니 다른 이들이 하는 일 없이 장터에 서 있었다.
그래서 그들에게, '당신들도 포도밭으로 가시오. 정당한 삯을 주겠소' 하고 말하자, 그들이 갔다.
그는 다시 열두 시와 오후 세 시쯤에도 나가서 그와 같이 하였다.
그리고 오후 다섯 시쯤에도 나가보니 또 다른 이들이 서 있었다. 그래서 그들에게 '당신들은 왜 온종일 하는 일 없이 여기 서 있소?' 하고 물으니, 그들이 '아무도

목요일 저녁

우리를 사지 않았기 때문입니다' 하고 대답하였다.

그러자 그는 '당신들도 포도밭으로 가시오' 하고 말하였다.

저녁때가 되자 포도밭 주인은 자기 관리인에게 말하였다.

'일꾼들을 불러 맨 나중에 온 이들부터 시작하여 맨 먼저 온 이들에게까지 품삯을 내주시오.'

그리하여 오후 다섯 시쯤부터 일한 이들이 와서 한 데나리온씩 받았다.

그래서 맨 먼저 온 이들은 차례가 되자 자기들은 더 받으려니 생각하였는데, 그들도 한 데나리온씩만 받았다."

마태 20,1-10

자비로우신 하느님,

저는 오늘 빈손으로 당신 앞에 서 있습니다.

오늘은 제대로 된 일이 없고

당신께 보여드릴 만한 것도 없습니다.

오늘 제게 닥친 일이 모두 힘들었고,

저는 지금 몹시 피곤합니다.

드릴 말씀이 별로 없습니다.

오늘 있었던 일들을

어떻게 판단해야 좋을지도 모르겠습니다.

당장 정리할 수 없는 이 모든 일을

당신께 맡겨드리오니,

결과가 좋게 되도록 이끌어주소서.

목요일 저녁

하느님,
마무리하지 못한 오늘 하루를
받아주시고 변화시키시어
저와 이웃에게 복이 되게 하소서.
저와 대화했던 사람들과
제가 뭔가 잘못한 사람들에게
당신의 영을 보내주소서.
저는 지금 지나간 일들을 뒤바꾸거나
보상할 수 없습니다.
그들의 마음을 어루만져 주시어
오해 때문에 힘겨워하지 않게 하소서.
저희 모두 당신만이 모든 것의 근본임을
배우고 깨닫게 하소서.

하느님,
저에게 당신의 성령을 보내시어
힘들고 실망스러운 하루에서 벗어나
당신께 나아갈 수 있게 하소서.
당신께서는 오늘 저에게
저의 능력이나 의지,
활동에만 의존할 수 없고,
성공과 인정만으로도 살 수 없으며,
오직 당신의 사랑만으로
살 수 있다고 알려주셨습니다.
이제 당신의 사랑으로 저를 채워주소서.
사랑하는 당신께서
가까이 계심을 알리기 위해
제게 보내신 당신의 천사들을 통해
고요함을 찾고,
사랑스러운 당신의 팔에 안기어

목요일 저녁

평화로이 잘 수 있게 하소서.

그가 나를 부르면 나 그에게 대답하고
환난 가운데 내가 그와 함께 있으며
그를 해방하여 영예롭게 하리라.
내가 그를 오래 살게 하여 흡족케 하고
내 구원을 그에게 보여주리라.

(시편 91,15-16)

금요일 아침

내 삶 위에
하늘을 열다

주님께서는 하늘에서 살피시며
모든 사람들을 바라보신다.
그들의 마음을 다 빚으시고
그들의 모든 행위를 헤아리시는 분이시다.
보라, 주님의 눈은 당신을 경외하는 이들에게,
당신 자애를 바라는 이들에게 머무르신다.

시편 33,13.15.18

그러자 사람들이 귀먹고 말 더듬는 이를 예수님께 데리고 와서, 그에게 손을 얹어주십사고 청하였다.
예수님께서는 그를 군중에게서 따로 데리고 나가셔서, 당신 손가락을 그의 두 귀에 넣으셨다가 침을 발라 그의 혀에 손을 대셨다.
그러고 나서 하늘을 우러러 한숨을 내쉬신 다음,
그에게 "에파타!" 곧 "열려라!" 하고 말씀하셨다.
그러자 곧바로 그의 귀가 열리고 묶인 혀가 풀려서 말을 제대로 하게 되었다.

마르 7,32-35

금요일 아침

다음의 기도를 이른바 '기도자의 자세'로
드릴 수 있다.
두 손을 위로 뻗어 커다란 그릇처럼 넓게 벌린다.

주 예수 그리스도님,

오늘 또 새로운 하루를 주셔서
고맙습니다.
당신께서는 오늘 제가 하는 모든 일에
함께하실 것입니다.

제 삶 위로 하늘을 열고 싶습니다.
제가 하게 될 모든 일이
제 위에 펼쳐지는
한없이 넓은 당신의 하늘과
맞닿아 있음을 깨닫고 싶습니다.

주님,
이 집 위에 하늘을 열고 싶습니다.
여기 살고 있는 모든 이가
하늘처럼 넓은 마음으로 살게 도와주소서.
늘 힘없이 축 늘어진 잿빛 하늘만 떠올리고,
어두운 곳으로만 시선을
보내는 이들에게
하늘을 열어주고 싶습니다.
그들의 눈을 열어주시어
당신 하늘의 아름다움과
당신 사랑의 빛을 보게 하소서.

이 도시 위에 하늘을 열고 싶습니다.
사람들이 눈앞에 보이는 것에
매이지 않게 하소서.
자신의 삶에 의미를 부여하고,

금요일 아침

복닥거리는 일상에서도
여유와 휴식을 선사하는
하늘을 느끼게 하소서.

이 나라와 온 세상 위에
하늘을 열고 싶습니다.
우리 모두가 당신의 하늘을 통해
서로 연대하여 하나가 되게 하소서.
당신의 하늘은 어느 누구의 소유가 아니라
우리 모두의 것임을
당신 하늘을 통해 알게 하소서.

하늘을 바라보면서
우리의 참된 고향이 하늘에 있고,
우리 모두에게 영원한 생명과 영광이
약속되어 있음을 깨닫게 하소서.

야곱이 꿈에서 천사들이 그 위로
오르내리는 것을 보았던
천국의 사다리는 우리의 지상 삶이다.
우리 마음이 겸손하면
주님께서 천국으로 사다리를 놓아주신다.

- 성 베네딕토 수도 규칙에서

금요일 저녁

십자성호를 긋다

그런데 어떤 사람이 나타나 동이 틀 때까지
야곱과 씨름을 하였다.
그는 야곱을 이길 수 없다는 것을 알고
야곱의 엉덩이뼈를 쳤다.
그래서 야곱은 그와 씨름을 하다 엉덩이뼈를 다치게 되었다. 그가 "동이 트려고 하니 나를 놓아다오" 하고 말하였지만, 야곱은 "저에게 축복해 주시지 않으면 놓아드리지 않겠습니다" 하고 대답하였다.

창세 32,25ㄴ-27

우리 주 예수 그리스도의 아버지 하느님께서
찬미받으시기를 빕니다. 하느님께서는 그리스도 안에서 하늘의 온갖 영적인 복을 우리에게 내리셨습니다. 사랑으로 예수 그리스도를 통하여 우리를 당신의 자녀로 삼으시기로 미리 정하셨습니다. 이는 하느님의 그 좋으신 뜻에 따라 이루어진 것입니다.

에페 1,3.4ㄴ.5

금요일 저녁

주 예수 그리스도님,
오늘 저녁 저는
주님의 십자가 죽음을 생각합니다.
주님께서는 저를 위해서 돌아가셨습니다.
주님께서는 죽음을 피하지 않으시고,
가야 할 길을 끝까지 가셨습니다.
십자가에서 끝까지,
그리고 온전히 저희를 사랑하셨습니다.
저는 두 팔을 활짝 벌리고
십자가에 달려 계신
당신을 바라보면서,
저를 사랑으로 초대하고 계심을 체험합니다.
저는 세상의 모든 대립을 화해시키는
주님의 십자가를 바라봅니다.

주님의 사랑은
제 안에 있는 모순되거나 대립하는 요소들을
어루만집니다.
주님께서 제 안에 있는 모든 것,
심지어 저의 어두운 면까지도 사랑하시니,
제 안에는 제가 거부할 것이
아무것도 없습니다.
저에게 당신 십자가의 사랑을 부어주시어
제 안에 있는 모든 것을
사랑할 수 있게 하소서.

금요일 저녁

예수님,
이제 십자성호를 긋습니다.
제 안에 있는 모든 것이
사랑받고 있음을 확신하고자
하느님 사랑의 표지를
제 몸에 새깁니다.
오른손으로 이마를 짚으면서,
주님께서 저를 생각하고 창조하셨음을
떠올립니다.
제 아랫배, 활력과 성性의 자리에
당신의 사랑을 새기면서,
주님께서 제 인간성 안으로
들어오셨음을 감사드립니다.

제 손을 왼쪽에서 오른쪽 어깨로 옮기면서,
제 안에 있는

무의식적인 것과 의식적인 것들,
마음과 행동,
여성성과 남성성을 연결시켜 주시고,
잘못된 것을 올바른 것으로 변화시켜 주시길
청합니다.
치유하고 변화시키시는 주님의 사랑이
제 몸과 영혼 구석구석으로
흘러들게 하소서.

*그러나 당신은 저를 어머니 배 속에서
이끌어내신 분, 어머니 젖가슴에
저를 평화로이 안겨주신 분.
저는 모태에서부터 당신께 맡겨졌고
제 어머니 배 속에서부터
당신은 저의 하느님이십니다.*
(시편 22,10-11)

토요일 아침

하느님께서 주시는 것을 받아들이다

주님께서 집을 지어주지 않으시면
그 짓는 이들의 수고가 헛되리라.
주님께서 성읍을 지켜주지 않으시면
그 지키는 이의 파수가 헛되리라.
일찍 일어남도 늦게 자리에 듦도 고난의 빵을 먹음도
너희에게 헛되리라. 당신께서 사랑하시는 이에게는
잘 때에 그만큼을 주신다.

시편 127,1-2

사람들이 아이들까지 예수님께 데리고 와서 그들을 쓰다듬어 달라고 하였다. 그러자 제자들이 사람들을 꾸짖었다. 예수님께서는 그 아이들을 가까이 불러놓고 이르셨다. "어린이들이 나에게 오는 것을 막지 말고 그냥 놓아두어라. 사실 하느님의 나라는 이 어린이들과 같은 사람들의 것이다. 내가 진실로 너희에게 말한다. 어린이와 같이 하느님의 나라를 받아들이지 않는 자는 결코 그곳에 들어가지 못한다."

루카 18,15-17

토요일 아침

자비로우시고 좋으신 하느님,
새롭고 자유로운 날을 선사하시니
당신께 감사드립니다.
예수 그리스도께서 저를 위해
마련하신 자유를 한껏 즐기게 하소서.
한 주간 내내 저를 괴롭히던
갖가지 걱정거리에서 벗어나게 하소서.
스스로 쌓아 올린
온갖 짐에서 벗어나게 하소서.
몇 날 며칠을 소태 씹듯 보내게 했던
골치거리에서 벗어나게 하소서.
저 자신을 갈가리 찢는
괴로운 죄책감에서 벗어나게 하소서.

하느님,
제가 하고 싶은 일을 할 수 있도록
새날을 주셔서 정말 감사드립니다.
오늘 저에게 주시고자 하는 것을
받아들이게 하소서.
제가 오늘 만나서 하루를 함께 보낼
사람들도 받아들이게 하소서.
제 안에 있는 온갖 완고함과
닫히고 뒤틀린 것을 모두 치워주시고,
저에게서 편안하고 좋은 느낌이
흘러 넘치게 하소서.
제 주위에 있는 사람들이
존중받고 받아들여지고 있음을 알고
편안함을 느끼게 하소서.

오늘도 일을 해야 하는 사람들,

토요일 아침

주말에도 걱정거리에 짓눌려 있는 사람들을
기억합니다.
그들의 삶에 빛을 비추어주소서.
주어진 자유를 어찌해야 할지 모르는
사람들,
그냥 무덤덤하게 하루를 지내는 사람들,
자신을 잊으려 하는 사람들도 기억합니다.
그들의 눈을 뜨게 하시어
스스로를 받아들이고
자신을 잘 돌보고 가꾸며
생명의 신비로움을 발견하게 하소서.

우리 활동의 가치는
우리 자신을 있는 그대로 받아들이는
겸손에 달려 있다.
- 토마스 머튼

토요일 저녁

하느님께서 나에게 다가오시다

"저희 조상은 떠돌아다니는 아람인이었습니다.
그는 몇 안 되는 사람들과 이집트로 내려가 이방인으로 살다가, 거기에서 크고 강하고 수가 많은 민족이 되었습니다.
그러자 이집트인들이 저희를 학대하고 괴롭히며 저희에게 심한 노역을 시켰습니다.
그래서 저희가 주 저희 조상들의 하느님께 부르짖자, 주님께서는 저희의 소리를 들으시고, 저희의 고통과 불행, 그리고 저희가 억압당하는 것을 보셨습니다.
주님께서는 강한 손과 뻗은 팔로, 큰 공포와 표징과 기적으로 저희를 이집트에서 이끌어내셨습니다.
그리고 저희를 이곳으로 데리고 오시어 저희에게 이 땅, 곧 젖과 꿀이 흐르는 땅을 주셨습니다."

신명 26,5-9

어느 날 예수님께서 제자들과 함께 배에 오르시어 그들에게, "호수 저쪽으로 건너가자" 하고 이르시니, 그들이 출발하였다.

토요일 저녁

그들이 배를 저어 갈 때에 예수님께서는 잠이 드셨다. 그때에 돌풍이 호수로 내리 몰아치면서 물이 차 들어와 그들이 위태롭게 되었다.

제자들이 다가가 예수님을 깨우며, "스승님, 스승님, 저희가 죽게 되었습니다" 하고 말하였다. 그러자 예수님께서 깨어나시어 바람과 물결을 꾸짖으시니, 곧 잠잠해지며 고요해졌다.

루카 8,22-24

좋으신 하느님,

저에게 주신 아름다운 하루와
오늘 경험한 모든 것에 대해
당신께 감사드립니다.
지난 한 주간 저에게 온갖 은혜를
베푸셨으니 정말 고맙습니다.
당신께서는 늘 저와 함께하셨고,
천사들을 보내어
저와 동행하게 하시고 보호해 주셨습니다.
또 저를 돕는 사람들을 보내어,
제가 현실을 바로 보게 해주셨습니다.
당신께서 손수 창조하신 세계의 아름다움을
제가 체험할 수 있게 하셨으니,
당신을 찬미합니다.

토요일 저녁

하느님,
당신께서는 성령을 통해
저와 함께하셨습니다.
성령께서는 제 안에서 샘이 되시어,
저는 지칠 때마다 그곳에서
새 힘을 다시 퍼 올릴 수 있었습니다.
당신께서는 아들 예수 그리스도를 통해
저와 함께하셨습니다.
그분은 밤에도
어둠과 불안과 고독의 길에서도
저와 동행하시며, 늘 함께 걸으셨습니다.
또한 그분은 기쁨과 감사의 순간,
행복한 만남의 순간에도
제 곁에 계셨습니다.

하느님께서는 제 마음을 사로잡는

말씀을 주셨습니다.
당신의 말씀에서 저는 참된 삶이
무엇인지를 알았습니다.
당신의 말씀을 통해 제 삶에서
새로운 맛,
하느님 사랑의 맛을 보게 되었습니다.
저는 이제 당신의 말씀,
당신께서 제 입에 올려
이 밤의 신비를 새롭게 체험하게 하신
시편 말씀으로 오늘을 마무리하려 합니다.

저들이 곡식과 햇포도주로 푸짐할 때보다
더 큰 기쁨을 당신께서는 제 마음에 베푸셨습니다.
주님, 당신만이 저를 평안히 살게 하시니
저는 평화로이 자리에 누워 잠이 듭니다.

(시편 4,8-9)

어느 요일에도 바칠 수 있는
아침기도

삶을 음미하며
기도하다

내가 입을 벌리자 그분께서 그 두루마리를
입에 넣어주시며, 나에게 말씀하셨다.
"사람의 아들아, 내가 너에게 주는 이 두루마리로
배를 불리고 속을 채워라."
그리하여 내가 그것을 먹으니 꿀처럼 입에 달았다.

에제 3,2-3

"나는 양들이 생명을 얻고 또 얻어 넘치게 하려고 왔다."

요한 10,10ㄴ

어느 요일에도 바칠 수 있는 아침기도

하느님,
저는 당신의 이름으로 일어납니다.
당신께서 저에게 주신 힘으로
몸을 일으킵니다.
이 날을 강복하소서.
오늘 만나는 이들에게
복의 샘이 될 수 있도록 저에게 복을 주소서.

지난밤에 제가 편히 잠잘 수 있게 해주시고,
꿈속에서 제게 말씀하시니 감사드립니다.
당신께서는 낮이나 밤이나
저와 함께 계십니다.
오늘 당신의 부르심에 귀를 기울이고,
제 마음에 속삭이시는 당신의 작은 소리를
들을 수 있도록
저를 깨어 있게 하소서.

오늘 당신이 이르시는 일을 하게 하소서.

하느님께서는 저에게 새날을 선사하시어,
제가 정신을 차려 살게 하시고
삶의 신비를 헤아리게 하십니다.
순간마다 깨어 있게 하소서.
삶의 맛을 느끼게 하소서.
어느 때라도 저와 함께하시는 하느님,
당신께서는 사람들 속에서 저를 만나시고,
일어나는 일을 통해 저에게 말씀하십니다.
저에게 착한 마음을 주시어
당신의 부르심을 따르게 하소서.

언제나 마지막 때가 될 수 있으니,
오늘이 마지막 날인 듯 살게 하소서.
제가 만나는 각 사람 안에 깃든 신비와

어느 요일에도 바칠 수 있는 아침기도

창조의 아름다움,
모든 순간이 좋은 기회임을
열린 마음으로 바라보게 하소서.
그리하여 감사하는 마음으로,
자유롭게 살게 하소서.
하느님,
감사할 줄 아는 마음을 저에게 주시어,
오늘 매 순간을 감사하며 살게 하소서.
시간은 당신께서 주시는 것이며,
당신의 영원이 저의 유한한 순간 속으로
들어오는 때임을 알게 하소서.

주 예수 그리스도님,
오늘 저와 함께 지내시어
제가 당신을 드러내는 도구가 되게 하소서.
제 눈에서 당신의 자비하심을 보게 하시고,

제 손에서 당신의 부드러움을 느끼게 하시며,
제 말에서 생명을 주시는 당신의 말씀을
듣게 하소서.
제 안에서 저를 통해 활동하시어,
당신의 구원이
오늘 제가 만나는 모든 이에게
임하게 하소서.

행운이란
내 삶에서 가장 필요한 것이 무엇인지를 알아내고, 나머지를 기쁘게 포기하는 데 있다.
- 토마스 머튼

어느 요일에도 바칠 수 있는
저녁기도

모든 것을 하느님께
맡겨드리다

내 도움과 내 영광이 하느님께 있으며
내 견고한 바위와 피신처가 하느님 안에 있네.

시편 62,8

예수님께서 세 번째로 베드로에게 물으셨다.
"요한의 아들 시몬아, 너는 나를 사랑하느냐?"
베드로는 예수님께서 세 번이나 "나를 사랑하느냐?"
하고 물으시므로 슬퍼하며 대답하였다.
"주님, 주님께서는 모든 것을 아십니다. 제가 주님을
사랑하는 줄을 주님께서는 알고 계십니다."

요한 21,17

어느 요일에도 바칠 수 있는 저녁기도

사랑의 하느님,

오늘은 정말 피곤한 하루였습니다.
지금은 아무 생각도 할 수 없는
멍한 상태입니다.
그저 오늘 있었던 모든 일과 함께
이 하루를 당신께 봉헌할 따름입니다.
잘된 일, 어긋난 일,
기쁜 일, 실망스러운 일 죄다 봉헌합니다.

아침부터 지금까지 있었던 일을
그냥 쭉 당신 앞에서 돌아봅니다.
당신께서는 매 순간 저와 함께 계셨고,
성경 말씀으로
친절한 점원의 눈길을 통해
친구의 부드러운 손길로
저를 어루만져 주셨습니다.

하느님,
저는 당신께 자랑할 것이 없습니다.
그러나 오늘 하루를 체험케 하시고
저와 함께 계시며
보호해 주셔서 감사드립니다.
오늘 있었던 온갖 걱정거리,
화났던 일과 갑자기 생긴 골치 아픈 일들을
당신께 맡겨드립니다.
지금은 이 모든 일을 해결할 수 없고,
뒤엉켜버린 대화를 번복할 수도 없습니다.
당신께 청하오니,
제가 올리는 기도를 통해
제가 만났던 사람들에게 복과 구원이
미치게 하소서.

어느 요일에도 바칠 수 있는 저녁기도

되도록 당신의 영 안에서 행동하며
살려고 애썼지만,
잘 되었는지 알 수는 없습니다.
지금은 그것을 따져보지 않고,
당신의 판단에 맡겨드리며
당신의 자비와 사랑을 믿을 뿐입니다.
사랑이신 당신의 품에 안겨
편히 쉬게 하시고,
내일 아침 당신이 일으켜주시면
당신의 이름과 영의 힘으로
새날을 시작할 수 있게 하소서.

저는 당신의 천막 안에 길이 머물고
당신의 날개 그늘에 피신하고 싶습니다.
(시편 61,5)

주님의 기도

하느님 안에서 참된 나를 찾다

당신만이 저희 아버지시고
예로부터 당신 이름은 '우리의 구원자'이십니다.

이사 63,16

"너희는 기도할 때 이렇게 하여라.
'아버지,
아버지의 이름을 거룩히 드러내시며
아버지의 나라가 오게 하소서.
날마다 저희에게 일용할 양식을 주시고
저희에게 잘못한 모든 이를 저희도 용서하오니
저희의 죄를 용서하시고
저희를 유혹에 빠지지 않게 하소서.'"

루카 11,2-4

주님의 기도

하늘에 계신 우리 아버지,
아버지의 이름이 거룩히 빛나시며
아버지의 나라가 오시며,
아버지의 뜻이 하늘에서와 같이
땅에서도 이루어지소서!
오늘 저희에게 일용할 양식을 주시고
저희에게 잘못한 이를 저희가 용서하오니
저희 죄를 용서하시고
저희를 유혹에 빠지지 않게 하시고
악에서 구하소서.

주님께 나라와 권능과 영광이
영원히 있나이다.

아멘.

제자들은 예수님께서 기도하시는 방식에 매료되었다. 특히 루카 복음사가는 예수님을 위대한 기도자로 서술하고 있다.
"예수님께서 기도를 마치시자 제자들 가운데 어떤 사람이, '주님, 요한이 자기 제자들에게 가르쳐준 것처럼, 저희에게도 기도하는 것을 가르쳐 주십시오' 하고 말하였다"(루카 11,1).

예수님께서는 그들에게 주님의 기도를 가르쳐 주셨다. 마태오복음에서 주님의 기도는 산상 설교에 나오는 기도에 대한 여러 가르침과 함께 자리하고 있다.
기도할 때 우리는 드러나지 않게 아버지께 기도해야 한다. 기도는 우리 마음의 골방에서 이루어지는 것이다.

주님의 기도

하느님께서는 하늘에 계실 뿐 아니라
우리 마음의 숨겨진 골방에도 거처하신다.
기도는 하늘에 계신 아버지와 나누는
대화이자 우리 안에 계신 아버지와 나누는
대화이기도 하다.

하느님은 아버지이실 뿐 아니라
동시에 어머니시다.
하느님은 아버지 같은 분이자
어머니 같은 분이시다.
그분은 우리를 포근하게 감싸시며,
우리가 당신을 체험하여
새로운 행동 방식을 익히기를 바라신다.
주님의 기도는 마태오복음에서
산상 설교의 중심에 놓여 있다.
기도하면서 하느님을

아버지와 어머니로 체험하는 이는
새로운 행동 방식을 익혀
화해할 수 있고
원수를 사랑할 수 있다.
기도는 행동을 요구한다.
베네딕토는 외친다,
"기도하고 일하라!Ora et labora"

주님의 기도

하늘에 계신 우리 아버지

내가 기도 드려야 할 분은
나의 아버지시자
우리 모두의 아버지시다.
그래서 개인적으로 드리는 기도라 하더라도
모든 사람과 연결된다.
그리고 나는 땅에서 하늘을 향하고
하느님은 위에서 내 삶 속으로 들어오신다.
하느님은 내 위에서 하늘을 열어주시어
나에게 넓은 지평을 허락하신다.

아버지의 이름이 거룩히 빛나시며

하느님의 이름은
이 세상에서 거룩히 빛나야 한다.
하느님의 영광이 세상에 빛나면
그분의 이름도 거룩히 빛날 것이다.
"하느님의 영광 - 그것은 살아 있는
인간이다." 성 이레네오의 말이다.
사람들이 우리를 통해
하느님의 자비와 사랑을 보게 된다면,
하느님께서 생각하신
모습대로 사는 것이다.
이러한 우리의 삶을 통해
하느님의 이름은 거룩히 빛나게 된다.

주님의 기도

아버지의 나라가 오시며

하느님의 나라가 온다는 것은,
하느님께서 세상 안에서 그리고
내 안에서 다스리시는 것이다.
하느님께서 다스리시면
인간은 참으로 자유로워지고
세상에는 평화와 일치가 생긴다.
하느님의 나라는 우리를 통해 와야 한다.
예수님께서는 주님의 기도의 청원기도를
이 땅의 소금과 세상의 빛이라는
표상으로 설명하신다.
우리가 화해에 응하고
화해를 요청하는 태도를 취해
세상의 빛이 됨으로써,
하느님의 나라는 이 세상에 온다.

아버지의 뜻이 하늘에서와 같이 땅에서도 이루어지소서

이 청원을 아주 어렵게 입에 올리는
사람들이 있다.
하느님의 뜻이 자신의 뜻과
어긋난다고 생각하기 때문이다.
그런 생각의 바탕에는
나에게 아무것도 허락하지 않는
엄한 하느님이나,
내가 신뢰할 수 없는
변덕쟁이 같은 하느님의 모습이
자리하고 있다.

그러나 하느님의 뜻이
내 안에서 그리고 나를 위해 이루어지면,

그것이 나에게는 궁극적으로 최선의 것이다.
바오로는 말한다.
"하느님의 뜻은 바로 여러분이 거룩한 사람이
되는 것입니다"(1테살 4,3).
하느님의 뜻은 내가 구원을 받고
온전해지는 것,
원래의 내가 되는 것이다.
예수님께서는 산상 설교에서 이 청원을
이렇게 설명하신다.
하느님의 뜻은
우리가 예수님의 가르침을 실천에 옮기고,
새로운 정의에 따라
원수를 사랑하며,
우리를 해치려고 하는 이들과
화해함으로써
이 세상에서 이루어진다.

오늘 저희에게 일용할 양식을 주시고

우리에게 필요한 모든 것,
심지어 날마다 필요한 양식까지도
우리는 하느님께 청할 수 있다.
우리에게는 필요한 것이 많다.
그러나 우리에게 꼭 필요한 것을
얻을 수 있다는 사실은 제대로 알지 못한다.
아울러 우리는 매일의 양식을 청하는
기도 안에서,
우리를 통해 우리 이웃들의
생활에 필요한 것을 주고 싶어 하시는
하느님의 마음을 깨달아야 한다.

주님의 기도

저희에게 잘못한 이를 저희가 용서하오니 저희 죄를 용서하시고

이 청원에서도 근본적인 하느님 체험과
새로운 태도가 연관되어 있음을
느낄 수 있다.
하느님은 우리를 조건 없이 받아주시고
"받아들일 수 없는 것을 받아주시는"
(파울 틸리히)
용서의 하느님이라는 사실이
예수님의 근본 가르침이다.
우리는 이렇게 용서받음으로써
끊임없이 자신을 비난하고
죄책감에 시달리며 살지 않아도 된다.
그러나 용서받은 체험은
우리도 서로 용서할 것을 요구한다.

예수님께서는 우리의 용서를
'판단하지 않음'에 묶어놓으신다.
용서함으로써
나는 이웃을 평가하고 판단하는 것을
멈춘다.
나는 그가 있는 그대로 살게 한다.
하느님께서 나를 용서하셨고,
나를 있는 그대로 받아주셨기 때문에,
나도 다른 이를 평가하지 않고
조건 없이 받아들이려 노력한다.

저희를 유혹에 빠지지(*독일어: 유혹으로 인도하지) 않게 하시고 악에서 구하소서

오늘날 많은 사람이 이 청원을 제대로
이해하지 못한다.
하느님이 어떻게 유혹으로
인도할 수 있느냐는 것이다.
교부들도 이미 그런 어려움을 알고 있었다.
오리게네스는 그래서 이렇게 번역하였다.
"유혹에 굴하지 않게 하소서."
청원의 본래 의미는 아마도
다음과 같았을 것이다.
"우리가 유혹에 떨어지지 않게 하소서."
우리는 하느님께
유혹에서 보호해 주시기를 청한다.

산상 설교는 이 청원을 이렇게 설명한다.
본래 유혹은 혼란에 빠짐,
즉 하느님에게서 떨어져 나감이다.
오늘날 많은 사람이 이러한 혼란에 빠진다.
왜냐하면 참된 하느님과
그들의 참된 자아를
흐리게 하는 우상들이
눈앞에 어른거리기 때문이다.

하느님께서 우리에게 밝은 정신을 허락하시고
바른길을 갈 수 있는 힘을 주시기를
청하자.
하느님께서 사악한 생각이나
파괴적인 충동,
그리고 해로운 열정에서
드러나는 악으로부터

주님의 기도

우리를 보호해 주시기를 청하자.

이 청원을 통해
유혹이나 악에 맞서는 데
힘이 부칠지 모른다는
걱정을 하느님께 보여드리자.
우리의 불안한 마음을
하느님께 말씀드림으로써,
우리의 삶에 따라오는 위험과 격동 가운데
하느님께서 우리를 당신의 사랑으로
지켜주시리라는 신뢰도 커지게 된다.

예수님께서 우리에게 가르쳐주신 이 기도는
삶의 본질을 체험하도록 우리를 이끌어준다.
또 예수님의 하느님께 우리를 이끌어준다.
예수님께서 당신의 말씀을 통해

선포하신 하느님의 모습이
기도 안에서 구체화된다.
여기에서 우리는 아버지다운 하느님,
어머니다운 하느님을 만난다.
그분은 우리 편이 되어주시고
우리를 받아들이고 용서하시며,
우리를 짓누르는 것에서
우리를 지켜주신다.

동시에 우리를 사람들에게 파견하시는
하느님도 체험한다.
우리는 주님의 기도가 가르치는 대로
사람들을 대하고,
예수님의 영 안에서
이 세상이 새로워지도록
노력해야 한다.

매일의 축복기도
말씀으로 여는 한 주간의 아침·저녁기도

서울대교구 인가: 2007년 2월 16일
초판 1쇄 펴낸날: 2007년 5월 19일
17쇄 펴낸날: 2022년 1월 15일
수정판 1쇄 펴낸날: 2023년 7월 6일
3쇄 펴낸날: 2025년 8월 25일

지은이: 안셀름 그륀
옮긴이: 김영국
펴낸이: 나현오
펴낸곳: 성서와함께

주소: 06910 서울특별시 동작구 흑석로13길 7
전화: (02) 822-0125~7 / 팩스: (02) 822-0128
인터넷서점: www.withbible.com
전자우편: order@withbible.com
등록번호 14-44 (1987년 11월 25일)

ⓒ 2023 성서와함께
성경 ⓒ 한국천주교중앙협의회, 2007.

ISBN 978-89-7635-417-4 93230